PAPIERTIGER

Arbeitsheft 3

Neubearbeitung

Herausgegeben
von Rüdiger Urbanek

unter Mitarbeit von
Gisela Giani
Gisela Gutheil
Alexandra Isack
Carmen Nickel-Hammer
Katrin Schlattmeier
Hans-Peter Schmidt

Diesterweg

1 — Im **Papiertiger Arbeitsheft 3** werden grundlegende Kompetenzen der Bereiche *Rechtschreiben* und *Sprache untersuchen/Sprachbetrachtung* vertieft und geübt. Die Übersicht am Ende des Heftes zeigt sie für jedes Kapitel im Einzelnen auf.

2 — Das Arbeitsheft ist sehr gut für die Wochenplan- und Freiarbeit geeignet. Die Aufgaben sind so konzipiert, dass sie von den Kindern selbstständig bearbeitet werden können. Die Lösung zu den einzelnen Übungen finden sich im *Papiertiger Kommentare und Kopiervorlagen 3* und können den Kindern zur Selbstkontrolle zugänglich gemacht werden.

3 — Zu jedem Kapitel im *Papiertiger Sprachlesebuch 3* (außer Einstiegs- und Jahreszeiten-Kapitel) findet sich im **Papiertiger Arbeitsheft 3** ein Lese-Test, um das Leseverständnis zu schulen und eine für die Diagnose der Bildungsstandards wichtige Arbeitsform einzuüben.

4 — Die Fachbegriffe im **Papiertiger Arbeitsheft 3** entsprechen der Terminologie im *Papiertiger Sprachlesebuch 3*. Falls in der Klasse andere Begriffe verwendet werden, können die Kinder folgende Übersicht zu Hilfe nehmen:

Fachbegriffe		**Beispiele**
Nomen	Namenwort	Auto, Baum, Kind
Verb	Tuwort/Tunwort	lesen, schreiben, spielen
Adjektiv	Wiewort	gut, lustig, schön
Artikel	Begleiter	der, die, das
Subjekt	Satzgegenstand	**Der Tiger** rennt.
Prädikat	Satzaussage/Satzkern	Der Tiger **rennt**.

Auf der Kreuzung

AUTO | FAHRRAD | ROT | ZEBRASTREIFEN | GELB | FAHRER | HUND
POLIZISTIN | LAUFEN | LANG | FAHREN | SCHNELL | SCHÜLERLOTSE
ROLLER | AMPEL | MOTORRAD | SCHILD | LANGSAM | BUS | TAXI | STEHEN

1 — Welche Nomen passen zum Bild? Male die Wortkärtchen farbig an.

das Auto, ____________________

____

____

____

2 — Schreibe die Nomen mit Artikel auf.

rot, ____________________

3 — Schreibe auch die Adjektive von den Wortkärtchen auf.

Wer tut was?

Zug

Fußgänger

Schlitt-
schuhfahrer

Radfahrer

fliegen
schlendern
segeln
rasen
gleiten
springen
schleichen
fahren
holpern
rattern

über die

groß
hoch
blau
breit
kurvig
staubig
rostig
gefährlich
glatt
dunkel

Nordsee
Brücke
Schienen
Stadt
Piste
Eisfläche
Landstraße
Kreuzung
Haus
Hürde

1 — Verbinde die Wörter mit grünem Stift so, dass sinnvolle Sätze entstehen.

2 — Verbinde die Wörter mit rotem Stift so, dass lustige Sätze entstehen.

3 — Schreibe fünf sinnvolle und fünf lustige Sätze in dein Heft:
Das Segelschiff segelt über die blaue Nordsee.
Der Radfahrer segelt über die blaue Stadt. ...

Lese-Test: Die geheimnisvolle Schatulle

▶ zum Buch Seite 10/11

1. Was zeigt Karl Maria, als sie ihn besucht?
   - ☐ Er zeigt ihr sein neues Fahrrad.
   - ☐ Er zeigt ihr seine alte Schatulle.
   - ☐ Er zeigt ihr seine Büchersammlung.
   - ☐ Er zeigt ihr seine Computerspiele.

2. Wie ist die Schatulle, die Karl auf dem Flohmarkt gekauft hat?*
   - ☐ hochmodern
   - ☐ ganz neu
   - ☐ sehr alt
   - ☐ geschlossen

3. Welchen Tipp gibt Karl Maria, als sie die Schatulle öffnen will?
   - ☐ „Augen zu und durch."
   - ☐ „Dreimal kräftig in die Hände spucken."
   - ☐ „Tief Luft holen und fest pusten."
   - ☐ „Auf den richtigen Dreh kommt's an."

4. Wieso blickt Maria Karl triumphierend an?

   ____

5. Warum ist Maria enttäuscht, als sie die Schatulle geöffnet hat?

   ____

6. Warum ist der Schlüssel wohl wertvoller als die Schatulle?

   ____

   ____

*Achtung! Manchmal können in Lese-Tests mehrere Antworten richtig sein!

Vor dem Umzug

Luca und seine Mutter ziehen in ein paar Wochen

aussortieren

um. Vorher muss Luca alles wegmachen, was er nicht

einen großen Karton

mehr braucht. Er hat dafür eine große Schachtel

besorgt. Jetzt sitzt er in seinem Zimmer und muss

denken, welche Spielsachen weg sollen. Er soll X am

nächsten Samstag am Wochenende auf dem Floh-

markt verkaufen. Am liebsten würde Luca X behalten,

aber sein neues Zimmer ist zu klein. Seine Mutter

hat gesagt, dass er alles wegmachen soll, womit sie

lange nicht gespielt hat. Zum Glück darf er das

Geld halten und sich davon dafür ein Fischbecken

kaufen.

1 — Verbessere den Text und schreibe die Verbesserungen in die Linien darüber. An zwei Stellen ist etwas zu viel. Streiche die Wörter durch.

________ Glückspilz

Marie: Jonas, ich habe dort hinten an dem Stand ________ Fahrrad gesehen. ________ Rad sieht noch fast wie neu aus.

Jonas: ________ Rad ist mir auch aufgefallen. Lass uns noch einmal hingehen.

Marie: Aber ________ Beleuchtung fehlt.

Jonas: Ich habe noch ________ Scheinwerfer und ________ Rücklicht.

Marie: O, ________ Glocke fehlt ja auch. Aber ________ Rad ist sehr günstig.

Jonas: Und ________ Reifen sind noch sehr gut.

Marie: Bevor ich ________ Entscheidung treffe, muss ich noch ________ Bremsen ausprobieren.

Jonas: Wenn ________ Bremsen gut funktionieren, solltest du ________ Rad kaufen. Du bist ________ Glückspilz.

1 — Ergänze die bestimmten Artikel *der, die, das* und die unbestimmten Artikel *ein* und *eine*.

So können Dinge sein

1 — Wie sind die Dinge auf dem Flohmarkt? Schreibe es in dein Heft:
Der Plastikball ist hart. Der Lederball ist härter. Die Holzkugel ist am härtesten.

Das Kleid ist lang. ...

Ein Taschenmesser vom Flohmarkt

Sara schlendert über den Flohmarkt. Gestern war es schon warm, heute ist es sogar noch ______________. Sara hat ein Taschenmesser von ihrem Großvater. Das Messer ist ___________ als Sara selbst. Die Klinge ist schon sehr abgenutzt und viel zu kurz. Sie sucht auf dem Flohmarkt ein Messer, das _____________ und ______________ ist.

2 — Steigere die Adjektive *alt, lang*, *scharf* und *warm* und setze sie passend ein.

Lese-Test: Von Mund zu Mund

▶ zum Buch Seite 26/27

1. Wie heißt die Orang-Utan-Mutter?
   - ☐ Bobo
   - ☐ Bintje
   - ☐ Bodo
   - ☐ Berta

2. Woran ist die Orang-Utan-Mutter erkrankt?
   - ☐ an einer Halsentzündung
   - ☐ an einer dicken Erkältung
   - ☐ an einer schweren Grippe
   - ☐ an einer Lungenentzündung

3. Welche Aufgabe will Karsten am liebsten selbst übernehmen?
   - ☐ Bobo zu streicheln
   - ☐ Bobo zu waschen
   - ☐ Bobo zu versorgen
   - ☐ Bobo von der Mutter zu trennen

4. Warum klammert sich Bobo ans Fell seiner Mutter?

   ____

5. Warum rührt sich Karsten kaum, als er Bobo eine Traube anbietet?

   ____

   ____

6. Was kann Karsten am Ende der Geschichte kaum fassen?

   ____

   ____

Alles in Bewegung

Die Schnecke kriecht.	Wir kriechen.
Der Hase ____________	Wir hoppeln.
Das Pferd galoppiert.	Wir ____________.
Der Wal ____________	Wir tauchen.
Die Katze schleicht.	Wir ____________.
Der Adler ____________	Wir gleiten.
Der Jaguar sprintet.	Wir ____________.
Die Biene ____________	Wir fliegen.
Der Käfer krabbelt.	Wir ____________.
Die Maus ____________	Wir huschen.
Die Robbe robbt.	Wir ____________.
Der Löwe ____________	Wir rennen.
Der Karpfen schwimmt.	Wir ____________.

1 — Ergänze die fehlenden Verben und markiere die Endungen.

Ein interessanter Beruf

Herr Söder ist Tierpfleger. ________ arbeitet schon zwölf Jahre im Zoo. Vor drei Jahren hat ________ zusammen mit Frau Lampert die Pflege der Menschenaffen übernommen. Täglich reinigen ________ das Affenhaus und füttern die Tiere. Weil die Affen sich nicht langweilen sollen, verstecken ________ jeden Tag das Futter, damit die Tiere ________ suchen können. ________ müssen sich immer neue Verstecke ausdenken, weil die Affen wirklich sehr klug sind. Die Tiere gebrauchen sogar dünne Äste als Werkzeuge, um an Futter zu gelangen. Den größten Spaß hat Herr Söder aber, wenn ________ mit den Affenbabys spielen kann. ________ sollen sich dabei an die Pfleger und Pflegerinnen gewöhnen. Frau Lampert hat sogar schon bei ________ übernachtet, als ________ einmal von ihren Müttern getrennt werden mussten. ________ hat damals kaum geschlafen, aber ________ würde jederzeit wieder dort übernachten. ________ hat das gar nichts ausgemacht.

er er er es ihnen ihr sie sie sie sie sie sie sie

1 — Setze alle Pronomen ein. Achte auf die Großschreibung am Satzanfang. Streiche im Kasten die Pronomen durch, die du eingesetzt hast.

Tag der offenen Tür

Am Zoo-Eingang gi___t ein großes Plaka___ Auskunft über den *Ta___ der offenen Tür.* An diesem Ta___ hat man die Gelegenhei___, den Tierpflegern und Tierpflegerinnen bei ihrer tä___lichen Arbei___ zuzusehen. Die ganze Klasse 3b erkundet seit dem frühen Morgen den Zoo. Melina und Krista haben zugeschaut, wie der Seehun___ gefüttert wurde. Luisa und Julia sind sofort in die Tierklini___ gegangen. Dort haben sie ein krankes Er___hörnchen in seinem Käfi___ beobachtet, das gepfle___t werden muss. Daneben saß ein Prachtfin___ ruhi___ auf einem Zwei___. Kevin und Alexander haben sein Federklei___ bestaunt und den Vogel gezeichnet. Senure und Ardita waren beim *Köni___ der Tiere* und sahen, wie der Löwe gieri___ sein Fleisch fraß. Der Tierpfleger erklärte, dass sein Jagdtrie___ besonders stark ist, wenn er hungri___ ist. Elena, Marijam und Timo konnten sehen, wie das Affenkin___ von seiner Mutter gesäu___t wurde. Leon, Anna, Janna und Selim durften sogar dabei helfen, die gläserne Trennwan___ im Affenhaus zu reinigen. Dennis und Johann haben gelernt, wie Honi___ gewonnen wird. Sie durften sich auch anschauen, wie der Blütenstau___ unter einem Mikrosko___ aussieht.

1 — Verlängere die Wörter oder suche verwandte Wörter, und setze die Buchstaben *b* oder *p*, *d* oder *t*, *g* oder *k* in den Lückentext ein.

Lese-Test: Joram und der schwarze Zauberhut

▶ zum Buch Seite 50/51

1. Was geschieht, als der Vater den Schrank aufräumt?
   - ☐ Ein alter Hut rollt heraus.
   - ☐ Ein Kleiderbügel fällt herunter.
   - ☐ Eine Katze springt heraus.
   - ☐ Eine alte Jacke fällt auf den Boden.

2. Warum denkt Joram, dass sein Vater verwandelt ist?
   - ☐ Er bekommt ein zotteliges Fell.
   - ☐ Er stößt kleine Schreie aus.
   - ☐ Er schwingt sich auf dem Apfelbaum von Ast zu Ast.
   - ☐ Er springt mit Schuhen auf das Bett.

3. Joram bekommt einen Schrecken,
   - ☐ weil der Hut ein großes Loch hat.
   - ☐ weil der Hut nie jemanden zurückzaubern kann.
   - ☐ weil eine weiße Taube aus dem Hut geflattert kommt.
   - ☐ weil der Hut plötzlich verschwunden ist.

4. Joram will den Vater verzaubern. Welche vier Tiere fallen ihm ein?

   ____

5. Warum seufzt die Mutter?
   - ☐ Weil sie nicht weiß, wie es weitergehen soll.
   - ☐ Weil Joram seine Hausaufgaben immer noch nicht fertig hat.
   - ☐ Weil sie auch gern so einen Hut hätte.
   - ☐ Weil sie auch gern verwandelt werden würde.

6. In welchen Sätzen merkst du, dass die Geschichte gut enden kann?

   Seite ________ Zeilennummern: ____________

Verhexte Texte

Eines Tages wollte der Zauberer Robbi ein Kaninchen zaubern. Er überlegte lange und sprach dann einen Zauberspruch: „Donner, Blitz und Hagelbrei, Kaninchen eile schnell herbei.“ Dies ist ein Rezept für eine Zaubersuppe. Sein Zylinder bebte ein bisschen und heraus hüpfte – eine rote Kröte. Nimm Drachenhorn, Fliegenspucke und Froscheier und koche alles zusammen in einem Topf mit Mäuseblut. Robbi musste noch einmal zum Zaubermeister. Der schenkte ihm ein Zauberbuch. Robbi las und las darin. Koche die Suppe drei Tage lang. Trinke sie in kleinen Schlucken und schon wirst du unsichtbar. Dann flüsterte er seinen Zauberspruch und plötzlich sprang aus dem dicken Buch ein Kaninchen nach dem anderen, bis das ganze Zimmer voll von ihnen war. Zum Glück wusste er jetzt genau, mit welchem Spruch er die Kaninchen wieder wegzaubern konnte.

1 — Hier sind zwei Texte durcheinandergebracht. Markiere jeden Text in einer anderen Farbe.

2 — Schreibe einen Text in dein Heft ab. Gib ihm auch eine Überschrift.

Vorangestellte Wortbausteine

ver-
vor-

haben
stecken
wandeln
laufen
schreiben
sprechen
bereiten

1 — Bilde mit den Wortbausteinen und den Verben neue Wörter. Sprich sie dir vor und überlege, ob es sie gibt. Schreibe sie in die Tabelle:

ver-	vor-
______	______
______	______
______	______
______	______
______	______

Der ______hexte Besen

Als der König merkte, dass der Räuber sich in die Prinzessin ______liebt hatte, wurde er ______sichtig. Er ______bot ihm, das ______wunschene Schloss zu betreten. Aber ein alter Diener ______riet dem Räuber einen Geheimgang. Doch die Prinzessin ______hexte den Räuber in einen alten Besen. Noch heute muss er den Schlosshof fegen.

2 — Setze *ver-* oder *vor-* ein.

Zusammengesetzte Adjektive

1 — Was passt zusammen? Verbinde.

die Blüten + weiß → blütenweiß

2 — Schreibe die zusammengesetzten Adjektive auf.

lang wie ein Baum – ____________

trocken wie Staub – ____________

dick wie ein Arm – ____________

alt wie ein Stein – ____________

blank wie ein Spiegel – ____________

fein wie ein Haar – ____________

3 — Bilde zusammengesetzte Adjektive und schreibe sie auf.

Lese-Test: Tim und Lena, die Umweltdetektive

▶ zum Buch Seite 52/53

1. Wie nennen sich Tim und Lena?
   - ☐ Umweltdetektive
   - ☐ Musterschüler
   - ☐ Meisterdetektive
   - ☐ Umweltfreunde

2. Aus welchen Ländern kommen die Birnen im Supermarkt?
   - ☐ Portugal
   - ☐ Argentinien
   - ☐ Deutschland
   - ☐ Spanien

3. Warum gibt es im Juli keine Birnen aus der Gegend?
   - ☐ Sie dürfen nicht verkauft werden.
   - ☐ Sie sind noch nicht reif.
   - ☐ Die Händler wollen erst die Äpfel verkaufen.
   - ☐ Es hat niemand Zeit, sie zu pflücken.

4. Was schenkt Olga Tim?
   - ☐ eine Birne
   - ☐ ein paar rote Kirschen
   - ☐ eine Eintrittskarte
   - ☐ ein Ei

5. Worauf achten Öko-Bauern besonders?

____

____

____

Satzglieder umstellen

Tim

kauft

frisches Obst

im Laden

1 — Welche Sätze kannst du mit den Satzgliedern bilden?
Setze hinter den Fragesatz ein Fragezeichen.

2 — Unterstreiche die Satzglieder mit verschiedenen Farben.

süße Birnen

vom Baum

Olga isst.

Olga

3 — Ergänze den Satz nacheinander immer um ein Satzglied.

Subjekt und Prädikat

1 — Wer macht was? Verbinde die Verben mit den passenden Bildern.

Der Junge harkt.

2 — Schreibe auf, wer was tut.

3 — Frage in jedem Satz nach dem Subjekt und dem Prädikat.
Unterstreiche die Subjekte schwarz und die Prädikate rot.

Andere Nomen

1 — Welche Nomen passen zu den Bildern? Verbinde sie.

2 — Schreibe die Nomen mit Artikel auf, die einen Menschen, ein Tier, eine Pflanze oder ein Ding bezeichnen.

3 — Schreibe die Nomen mit Artikel auf, die <u>nicht</u> Menschen, Tiere, Pflanzen oder Dinge bezeichnen.

Lese-Test: Der mutige Philipp

▶ zum Buch Seite 68/69

1. Wo lebt Philipp am Anfang der Geschichte?
   - ☐ in der Nähe einer großen Stadt
   - ☐ in der Nähe einer mächtigen Ritterburg
   - ☐ in einem ärmlichen Häuschen
   - ☐ auf einer mächtigen Ritterburg

2. Was müssen Philipps Eltern für Ritter Siegmund tun?
   - ☐ Sie müssen ihm einen großen Teil der Ernte abgeben.
   - ☐ Sie müssen Ritter Siegmund zum Essen einladen.
   - ☐ Sein Vater muss dem Ritter als Kriegsknecht dienen.
   - ☐ Seine Mutter muss dem Ritter die Wäsche waschen.

3. Warum ist Ritter Siegmund eines Tages so wütend auf Philipps Eltern?
   - ☐ Sie haben ihm schlechtes Korn gebracht.
   - ☐ Sie haben seinen Geburtstag vergessen.
   - ☐ Sie haben ihm ihre Abgaben nicht pünktlich gebracht.
   - ☐ Sie haben über sein Pferd gelacht.

4. In welchem Alter will Philipp in die Welt ziehen?

____

5. Warum sind Philipps Eltern am Ende der Geschichte verzweifelt?

____

____

6. Was meint Ritter Siegmund mit dem Satz „Nichts ist euer!“?

____

____

So wurde man Ritter

Nur Jungen konnten Ritter werden. Wer später einmal ein Ritter werden sollte, musste schon mit sieben Jahren seine Eltern verlassen. Er wurde zu einer Nachbarburg gebracht. Dort lernte er gute Manieren, ein wenig Lesen und Schreiben, Harfe zu spielen, zu singen und zu tanzen. Er musste Essen auftragen und in der Küche oder im Weinkeller helfen. Vor allem musste er seinem Burgherrn dienen. Man nannte ihn Page.

Mit etwa vierzehn Jahren wurde er dann Knappe. Als Knappe lernte er reiten, fechten und mit Rüstung, Lanze und Schwert umzugehen.

Von einem zukünftigen Ritter wurde viel verlangt. Er musste sportlich und kräftig sein und vor allem gute Eigenschaften wie Tapferkeit, Ehrlichkeit, Höflichkeit und Großzügigkeit besitzen. Außerdem musste er reich sein, damit er sich überhaupt eine Rüstung leisten konnte. Nur dann konnte er schließlich zum Ritter geschlagen werden.

1 — Welche Aufgaben hatte der Page und was lernte er? Unterstreiche die Textstellen rot.

2 — Was erfährst du über einen Knappen? Unterstreiche die Textstellen blau.

3 — Was wurde von einem zukünftigen Ritter erwartet? Unterstreiche die Textstellen grün.

Gegenwart und einfache Vergangenheit

Henri und Carla wohnen in einer kleinen Stadt. Sie gehen dort oft zur Burg und spielen zwischen den alten Mauern. Eigentlich dürfen sie das nicht. Manchmal klettern die beiden sogar auf den alten Wehrturm oder sie turnen auf den Mauerresten. An manchen Tagen nehmen sie ihre Holzschwerter mit und kämpfen dort wie bei einem Turnier. Wenn sie sich nach dem Kampf verbeugen, fühlen sie sich wie richtige Ritter.

1 — Unterstreiche die Verben im Text.

Henri und Carla wohnten in einer kleinen Stadt. Sie __________ dort oft zur Burg und __________ zwischen den alten Mauern. Eigentlich __________ sie das nicht. Manchmal __________ die beiden sogar auf den alten Wehrturm oder sie __________ auf den Mauerresten. An manchen Tagen __________ sie ihre Holzschwerter mit und __________ dort wie bei einem Turnier. Wenn sie sich nach dem Kampf __________ , __________ sie sich wie richtige Ritter.

2 — Setze die Verben in die einfache Vergangenheit und trage sie ein.

Zusammengesetzte und einfache Vergangenheit

Auf unserer Klassenfahrt zur Burg Hohenstein habe ich mir mit Alena, Dalina und Sophie ein Zimmer geteilt. Nachts sind wir vier über den Flur geschlichen und haben gruselige Geräusche vor den Türen der anderen gemacht. Aus Versehen bin ich gegen eine alte Ritterrüstung gelaufen. Unsere Lehrerin hat das leider gehört. In ihrem Schlafanzug ist sie in den Flur gekommen. Wir haben einfach Schlafwandler gespielt. Da hat Frau Klein gelacht.

24.10.

Auf unserer Klassenfahrt zur Burg Hohenstein teilte ich mir mit Alena, Dalina und Sophie ein Zimmer.

1 — Unterstreiche oben in der Sprechblase die Verben in der zusammengesetzten Vergangenheit.

2 — Schreibe Lilliths Tagebucheintrag weiter. Benutze die einfache Vergangenheit.

Bei der Jugendfeuerwehr

Wie in jedem Sommer werden wir mit den Jugendlichen ein Zeltlager am Rhein machen. Das Zeltlager dauert fünf Tage und kostet 20 Euro pro Tag. Auf dem Campingplatz gibt es Toiletten und Waschräume. Wir werden uns selbst verpflegen und das Abendessen täglich über einem großen Feuer zubereiten. Alle müssen dabei mithelfen. Auch der Abwasch wird natürlich gemeinsam gemacht. Tagsüber unternehmen wir viel. Wir rudern mit erfahrenen Ruderern auf dem Rhein und machen eine große Wanderung, um die Gegend zu erkunden. Außerdem veranstalten wir lustige Wettspiele. Für die Gewinner der Wettspiele haben wir einen Wanderpokal, der jedes Jahr weitergegeben wird. An einem Tag besuchen wir ein Feuerwehrmuseum. Dort kann man erfahren, wie man früher Brände gelöscht hat. Abends machen wir immer ein großes Lagerfeuer. Brennholz bekommen wir vom Besitzer des Campingplatzes. Bisher mussten wir nur einmal darauf verzichten, weil der Sommer zu trocken und die Brandgefahr zu groß war.

rudern

1 — Welche Freizeitangebote gibt es beim Zeltlager der Jugendfeuerwehr? Unterstreiche sie.

2 — Schreibe die Freizeitangebote in Stichworten auf.

Texte überarbeiten

Die Kinder der 3a haben für das Schulfest eine Geisterbahn gemacht. Sie haben drei Jungen, die Felix heißen. Der Raum war ganz dunkel. Überall waren Spinnen und Schlangen aufgehängt, und ein Knochengerüst stand an der Tür. Wer fahren wollte, setzte sich in einen Wagen und wurde durch Klasse gezogen. Es gab verschiedene Stationen in der Geisterbahn. An der ersten Station hingen ganz viele Fäden, die im Gesicht kitzelten. An der vorletzten Station wurden mit einem Fotoapparat Blitze gemacht. Bei der zweiten Station wurde der Wagen über eine kleine Rampe gezogen und viele Kinder hatten Angst, dass er umkippt. Dann wurde jedem Kind mit einer Luftpumpe Luft in den Nacken gefüllt. Die Luftpumpe war schwarz. Zum Schluss wurden alle mit einer Wasserpistole nass. Natürlich gab es während der ganzen Zeit gruselige Geistermusik.

- Zwei Sätze sind zu viel.
- Zweimal fehlt ein Wort.
- Zweimal sollte etwas verändert werden.
- Einmal stimmt die Reihenfolge nicht.

1 — Überprüfe den Text mit deiner Text-Tipp-Karte und verbessere ihn. Der Tiger verrät dir, welche Fehler du suchen musst.

Geschichten überarbeiten:
Text-Tipp-Karte

Einen Text verbessern

Da fehlt die Überschrift.

Maria und Dennis gewannen beim Malwettbewerb den

3. Sieg. Mit Frau Wörner gingen sie zur Preisverleihung

Das muss verändert werden.

in die Stadthalle. Die Stadthalle soll demnächst

Das ist zu viel.

abgerissen werden. Als Preis bekamen sie einen Kasten

mit Aquarellfarben. Ein Mann alle Kinder mit einem

Hier fehlt ein Wort.

Die Reihenfolge stimmt nicht. Der Satz muss weiter noch oben.

Fotoapparat und schrieb einen Bericht für die Zeitung.

Das muss verändert werden.

Dort waren alle Bilder ausgestellt und eine Frau redete

eine Rede. Maria und Dennis sind auch im Judoclub

und waren stolz auf ihren großen Erfolg.

Das ist zu viel.

1 — Markiere die Fehlerstellen mit den richtigen Korrekturzeichen.

2 — Schreibe die Verbesserungen in die leeren Zeilen.

3 — Schreibe den verbesserten Text vollständig in dein Heft.

Sätze umstellen

den Kaktus | Lea | gießt | am Freitag

1 — Bilde mit den Satzgliedern Sätze und schreibe sie auf die Wortkarten.
Achte auf die Großschreibung am Satzanfang.

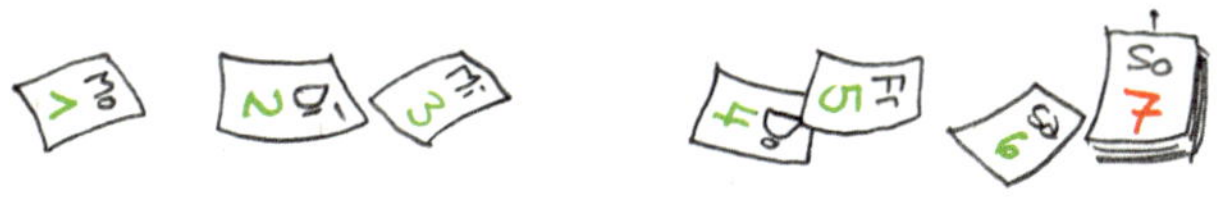

Opa | das Essen | jeden Tag | kocht

2 — Welche Sätze kannst du bilden? Schreibe drei verschiedene Sätze auf.

Gestern war unsere Klasse im Zoo.

3 — Wie kannst du den Satz umstellen? Schreibe drei verschiedene Sätze auf.

4 — Welche Wörter sind beim Umstellen zusammengeblieben?
Markiere die Satzglieder mit verschiedenen Farben.

Die Korrekturkarte

will

Finn ~~wil~~ mit seinem Freunt Lasse zum flohmarkt.

die beiden Junge liben Schlümpfe und wolen sich

dort neue kaufen. Leider gipt heute keine Stende

mit schlümpfen, aber Finn findet ein toles Schpiel.

Lasse kauft sich einen sprechenden Zwerk.

1 — Überarbeite den Text mit der Korrekturkarte.
Im Text sind 13 Fehler und ein Wort fehlt.

Finn will mit seinem Freund Lasse zum Flohmarkt.
Die beiden Jungen lieben Schlümpfe und wollen sich
dort neue kaufen. Leider gibt es heute keine Stände
mit Schlümpfen, aber Finn findet ein tolles Spiel.
Lasse kauft sich einen sprechenden Zwerg.

Wörterdetektive: Ordnen nach dem Abc

3.	Kuss	S.	210
1.		S.	
2.		S.	

		S.	
		S.	
		S.	

		S.	
		S.	
		S.	

		S.	
		S.	
		S.	

		S.	
		S.	
		S.	

		S.	
		S.	
		S.	

		S.	
		S.	
		S.	

		S.	
		S.	
		S.	

1 — In welcher Reihenfolge stehen die Wörter in der Wörterliste? Nummeriere sie.

2 — Schlage die Wörter in der Wörterliste nach und schreibe die Seitenzahl und das Wort auf.

Wörter nachschlagen
(auch nach dem 3. Buchstaben)

Wörterdetektive: Wörter nachschlagen

 + das Gegenteil von *hart*

die Butter S. [207] + weich S. [215] → butterweich

 + das Gegenteil von *niedrig*

________ S. [ ] + ________ S. [ ] → ________

 + das Gegenteil von *schwach*

________ S. [ ] + ________ S. [ ] → ________

 + das Gegenteil von *warm*

________ S. [ ] + ________ S. [ ] → ________

1 — Bilde die zusammengesetzten Adjektive. Schlage die einzelnen Wörter im Wörterbuch nach. Schreibe die Seitenzahlen dazu.

er ~~lest~~ lesen S. [ ] → er liest

sie ~~lauft~~ ________ S. [ ] → ________

es ~~nehmt~~ ________ S. [ ] → ________

er ~~wascht~~ ________ S. [ ] → ________

2 — Schlage die Grundform der Verben in der Wörterliste nach. Schreibe die Seitenzahl und die richtige Personalform dazu.

Wörter trennen

Hal-lo, ich bin ein Mau-mau-me-se.
Wenn du mit mir spre-chen willst, musst du
al-le Wör-ter in Sil-ben zer-le-gen, sonst
ver-ste-he ich dich nicht.

Hal|lo Mau|maumese, mein Name ist Tobi. Gestern hatte ich Geburtstag. Es gab Schokoladenkuchen und Mannschaftsspiele. Mein heimlicher Geburtstagswunsch war es, einen Außerirdischen zu treffen. Ich bin wohl ein richtiges Glückskind, denn nun steht tatsächlich einer vor mir.

Hal-lo Mau-mau-mese, mein

1 — Trenne in der Denkblase die Silben mit Strichen ab.

2 — Schreibe den Text in Silben getrennt auf und markiere in jeder Silbe den Selbstlaut farbig.

Yassins Durcheinander

Yassin ist sauer er hat sich in seinem Zimmer eingeschlossen, weil er nicht raus darf seine Mutter hat es ihm verboten Yassin soll erst sein Zimmer aufräumen was findet Mama am Aufräumen eigentlich so toll sie meint, dass man in Yassins Durcheinander nichts mehr wiederfinden kann das ist doch großer Quatsch wozu hat Yassin denn so ein gutes Gedächtnis

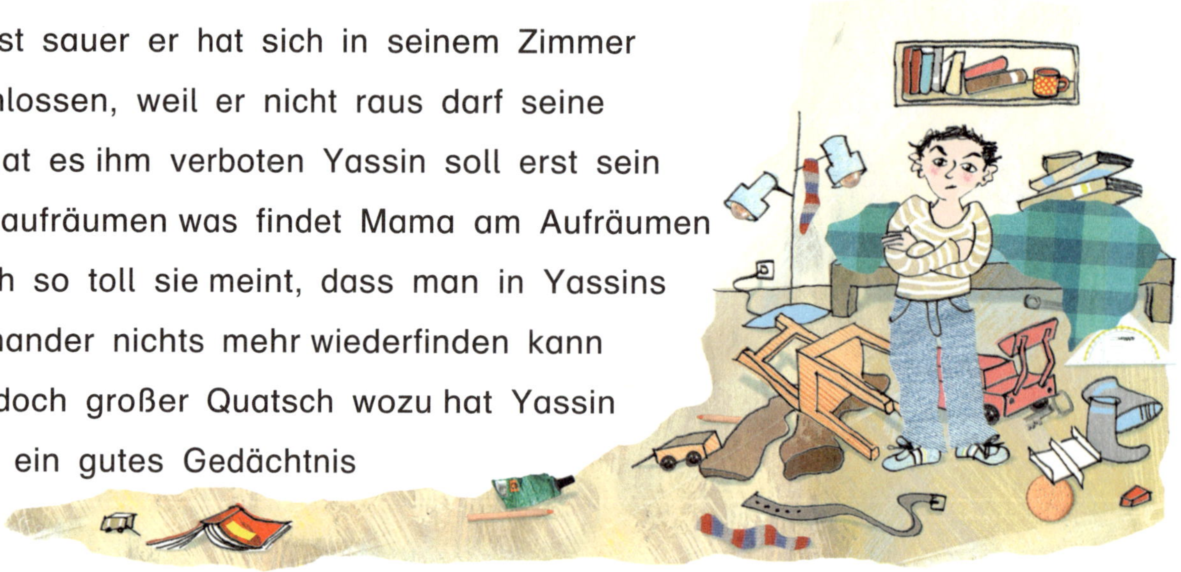

1 — Lies den Text und mache nach jedem Satz eine Pause. Es sind acht Sätze.

2 — Ergänze die fehlenden Satzzeichen.

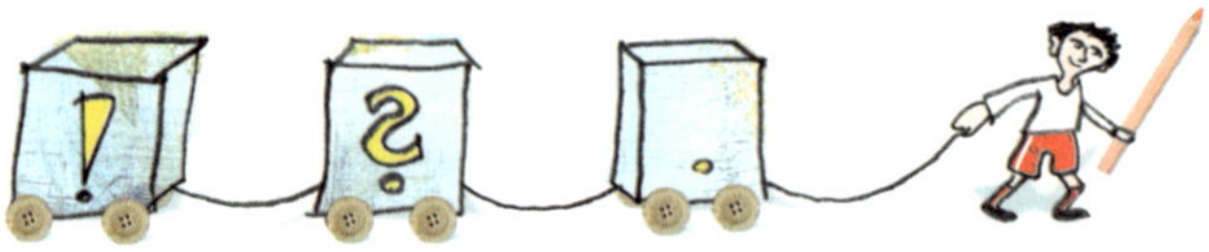

Yassin ist sauer. Er

3 — Schreibe den Text richtig auf. Die Satzanfänge musst du großschreiben.

Nomen

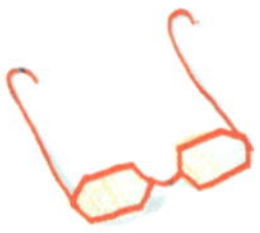

Die _r_ote _M_ütze gehört Songül.

Der ___aputte ___eddy gehört Fabian.

Das ___lte ___ahrrad gehört meinem Opa.

Der ___roße ___und gehört Herrn Bauer.

Die ___ckige ___rille gehört Frau Kaufmann.

Das ___lte ___uto gehört unserem Nachbarn.

Der ___ote ___all gehört meiner Schwester.

Das ___leine ___ony gehört Larissa.

1 — Setze die fehlenden Buchstaben bei den Adjektiven und den Nomen ein. Denke daran, dass nur die Nomen großgeschrieben werden.

Der ___unde ___piegel kommt in den Flur, der ___ckige ___piegel ins Schlafzimmer. Das ___ote ___ofa und der ___leine ___isch sollen ins Wohnzimmer. Bitte bringen Sie die ___aputte ___hr in den Müll und die ___ilberne ___hr in die Küche. Dort muss auch der ___roße ___isch hin. Die ___rüne ___iste soll in den Keller.

2 — Setze die fehlenden Buchstaben bei den Adjektiven und den Nomen ein. Markiere die Nomen und die dazu passenden Artikel so wie oben.

Wörter mit V und v

Eine Geige nennt man auch …

Ein anderes Wort für *artig* ist …

Dort setzt man die Luftpumpe an:

Dieses Wesen trinkt gerne Blut:

Das Gegenteil von *leer* ist …

So heißt ein großes, prächtiges Haus:

In dieses Gefäß stellt man Blumen:

1 — Das Lösungswort lautet:

Valentino verspeist viermal am Vormittag Vanilleeis.

2 — Denke dir selbst Sätze mit vielen Wörtern mit *V/v* aus.

Lange und kurze Selbstlaute

1 — Mache die Lang-Kurz-Probe. Male alle Wörter mit langem Selbstlaut farbig an.

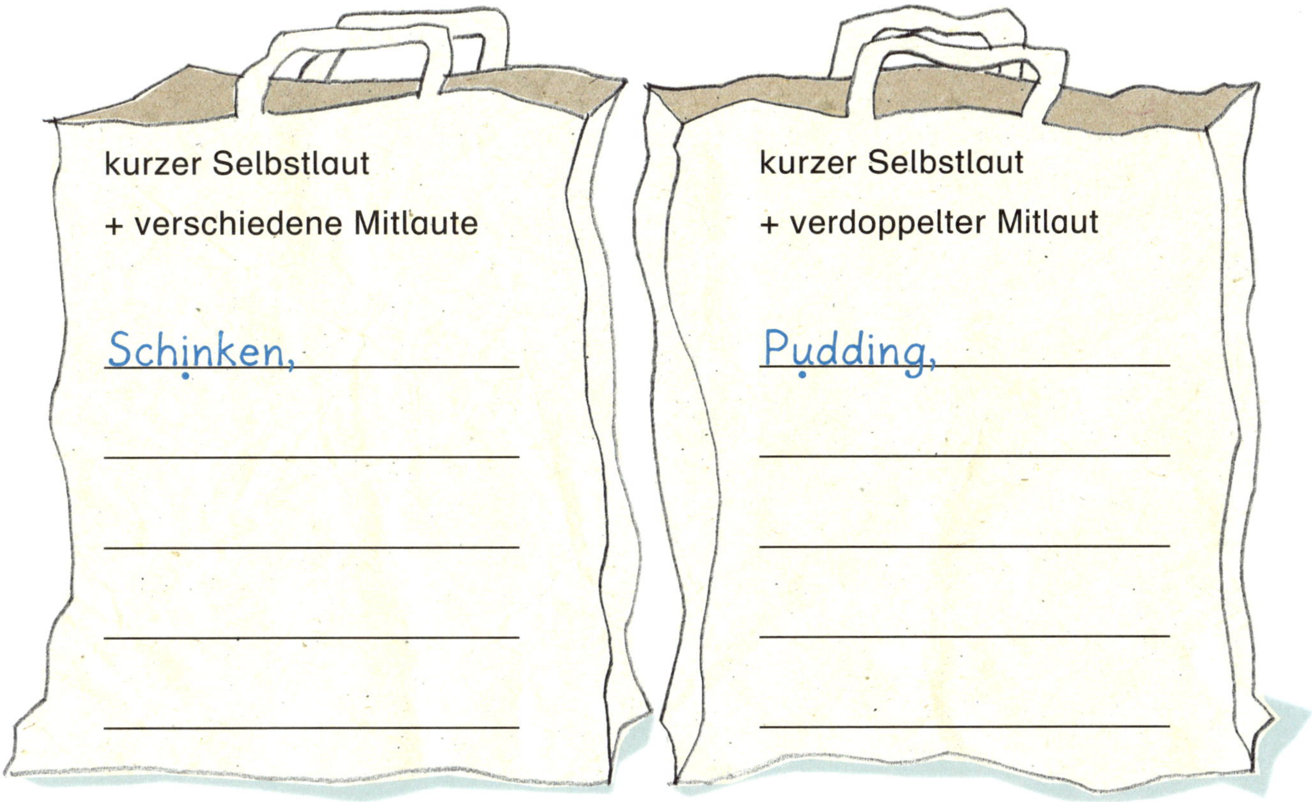

2 — Schreibe die Wörter mit kurzem Selbstlaut auf die richtige Tüte. Markiere immer den kurzen Selbstlaut.

Verdoppelter Mitlaut

wir fallen wir schw______ wir e______ wir r______

er fällt sie ______ er ______ sie ______

1 — Schreibe die Wir-Form der Verben auf. Schreibe dann die Er-Form oder die Sie-Form darunter.

2 — Markiere immer die verdoppelten Mitlaute.

Das Schwein frisst. ______ fressen

______ ______

______ ______

______ ______

3 — Schreibe passende Sätze zu den Bildern. Schreibe zuerst die Grundform der Verben dahinter.

4 — Markiere die verdoppelten Mitlaute.

Wörter mit k oder ck – z oder tz

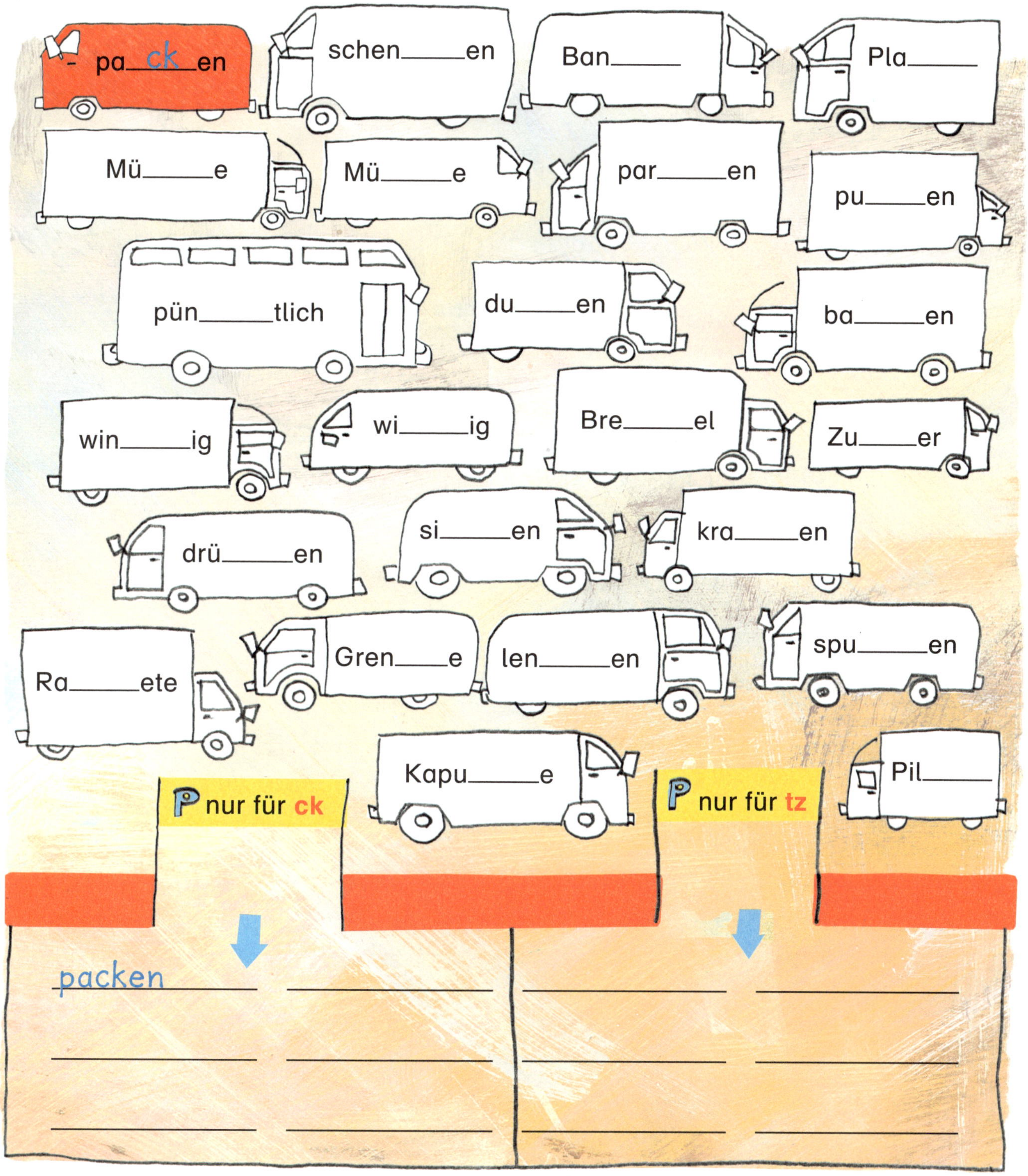

1 — Mache die Lang-Kurz-Probe. Setze *k* oder *ck* oder *z* oder *tz* ein.

2 — Male die Autos rot an, die auf die Parkplätze fahren dürfen.

3 — Trage die Wörter mit *ck* und *tz* richtig ein.

Wörter mit Dehnungs-h

die Zahl	der Rahm	fühlen	der Lehm
das Mehl	sehr	das Ohr	ihm
der Hahn	hohl	zehn	ihn
fahren	nehmen	der Lohn	ihr
der Zahn	wählen	zahm	die Uhr

1 — Markiere in den Wörtern den langen Selbstlaut.

2 — Trage die Wörter in die Tabelle ein:

-hl	-hm	-hn	-hr
Zahl			

die Zahl – zahlen,

3 — Suche zu Wörtern aus der Tabelle verwandte Wörter und schreibe sie auf.

i oder ie?

St___r, T___r, Sp___l, w___nken, l___gen

K___nd, F___ber, F___sch, r___seln, Z___mt, w___ld, B___r, K___ste, fr___dlich, v___r, s___ngen, v___l, s___ben, n___drig, K___s, f___nden

fr___ren, Zw___bel, t___f, zw___tschern, D___b

h___r, n___sen, L___nks, w___schen, b___gen, tr___nken, verl___ren, d___nen, w___gen, T___nte, n___dlich, B___ld, d___cht, fl___gen, sch___ben

1 — Mache die Lang-Kurz-Probe. Verbinde alle Wörter, in denen du das *i* lang sprichst, mit der *ie*-Lanze.

2 — Setze *i* oder *ie* ein.

3 — Schreibe alle Wörter mit *ie* in dein Heft.

Wörter mit ß

Ha__e	gie__en	sto__en	schlie__en	ra__en
grö__er	Kä__e	Be__en	drau__en	Ei__en
Wie__e	bei__en	Na__e	hei__	bei__en
Ho__e	wei__	Stra__e	Va__e	Spa__
Ro__e	hei__en	Mei__e	au__en	lei__e

1 — Sprich die Wörter. Höre, ob das *s* stimmhaft oder stimmlos klingt. Trage *s* oder *ß* ein.

2 — Trage die Wörter in die Tabelle ein. Schreibe bei den Nomen die Artikel dazu:

Wörter mit *s*	Wörter mit *ß*

Langes i ohne Dehnungszeichen

offene Feuerstelle im Haus

gestreifte Raubkatze

anderes Wort für *gut*

Schneemassen, die den Berg hinunterrasen

Fisch in Dosen

Säugetier im Meer

Teil des Auges

Maßeinheit für Flüssigkeiten

orangefarbene Frucht

Fett, das man aufs Brot streicht

Gegenteil von *plus*

Tier, das nach einem Fluss in Afrika benannt ist

1 — Löse das Rätsel.

______ kaufen ein.

Ich ziehe ______ eine Hose an.

Sie steht ______ gut.

„Wie gefällt sie ______?

______ gefällt sie gar nicht? Dann ziehe ich ______ eine andere an.

Gefällt sie ______ besser? Ich gehe gerne mit ______ einkaufen. Ich kaufe

______ die blaue Hose. Möchtest du ______ auch etwas kaufen? Danach

gehen ______ nach Hause und kochen Tee."

2 — Trage *wir*, *dir* oder *mir* richtig ein.

b oder p, d oder t, g oder k?

anständiger	trä___t	blöder	gel___
tragen	anständi___	gelber	wir___
schräger	gesun___	werden	blö___
sagen	sa___t	nagen	zei___t
gesünder	schrä___	zeigen	na___t
fragen	klu___	üben	to___t
klüger	fra___t	toben	ü___t
___	lü___t	___	lo___t
___	schrei___t	___	gi___t
___	blei___t	___	wil___
___	run___	___	schie___t
___	en___	___	wichti___
___	wa___t	___	hal___
___	le___t	___	flie___t
___	blon___	___	grä___t

1 — Verbinde die Wortkarten, die zusammengehören.

2 — Schreibe in die leeren Wortkarten zu den Verben die Grundform und zu den Adjektiven eine andere verwandte Form.

3 — Ergänze die fehlenden Buchstaben.

Wörter mit ä und Wörter mit äu

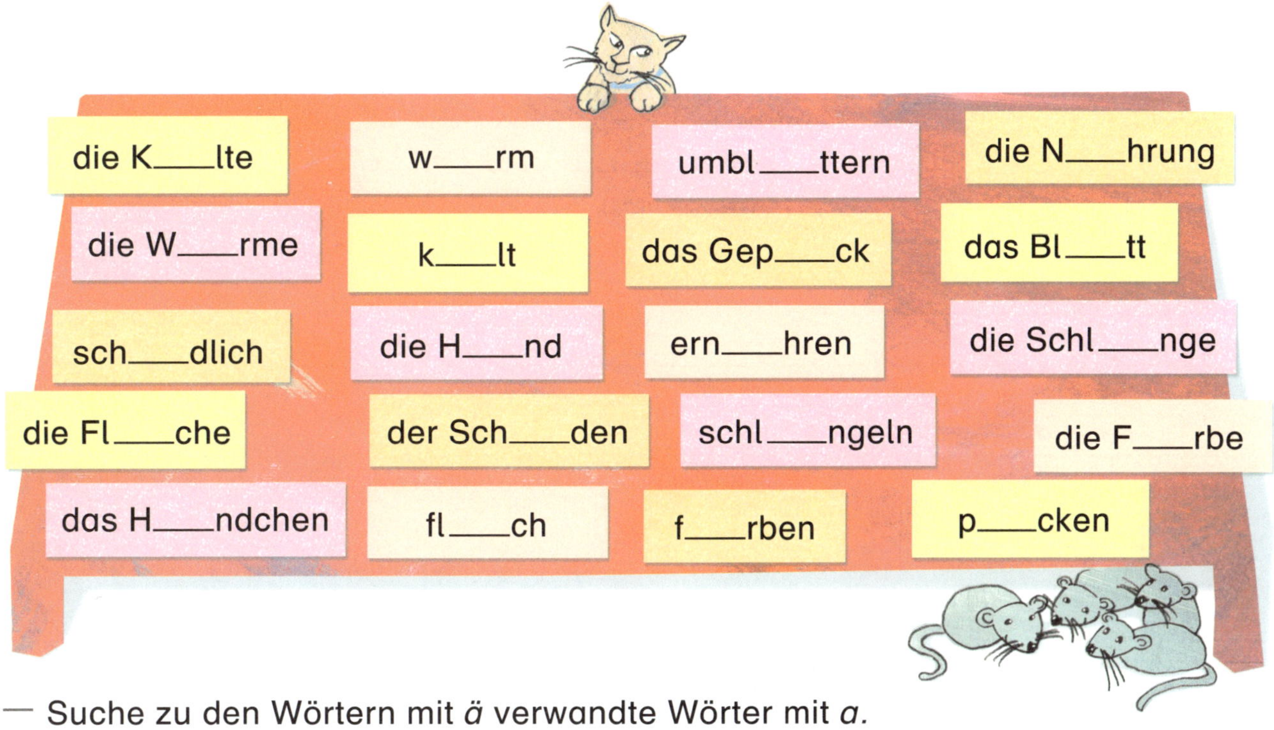

1 — Suche zu den Wörtern mit *ä* verwandte Wörter mit *a.*
Verbinde sie und trage die Buchstaben ein.

2 — Schreibe immer beide Wörter in dein Heft: kalt – die Kälte, …

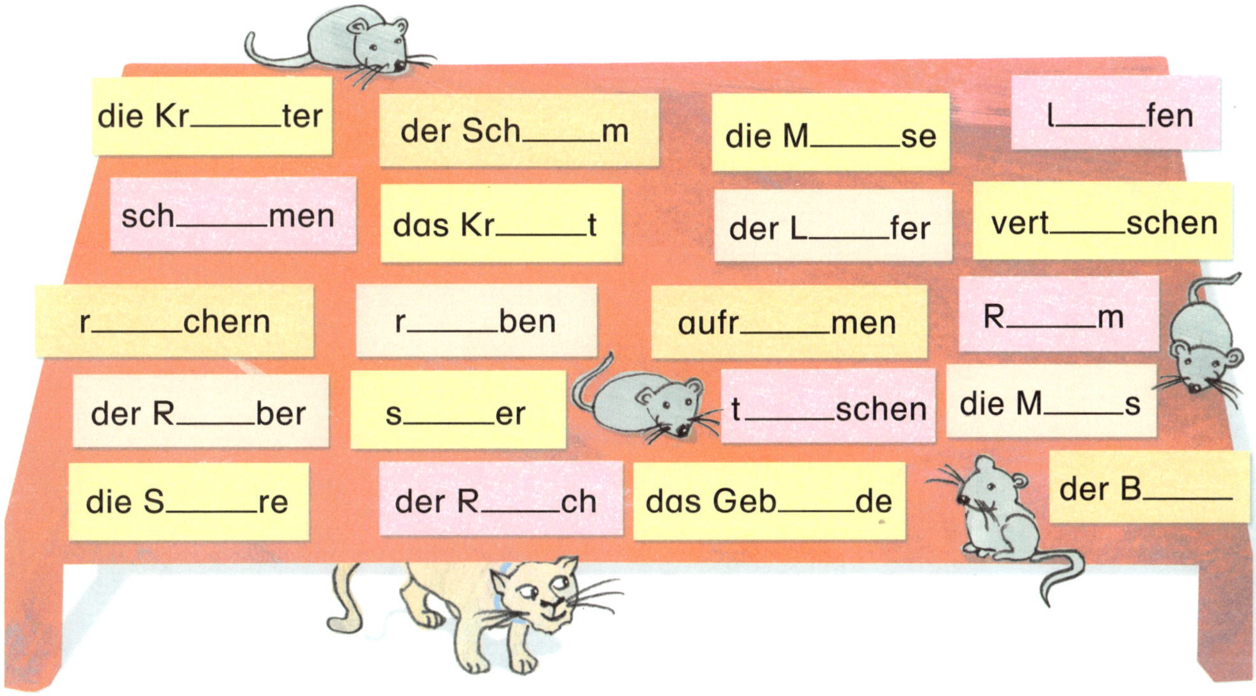

3 — Suche zu den Wörtern mit *äu* verwandte Wörter mit *au.*
Verbinde sie und trage die Buchstaben ein.

4 — Schreibe immer beide Wörter in dein Heft: das Kraut – die Kräuter, …

Wörter mit pf

_____iffige _____erde_____legerinnen und

_____erde_____leger _____legen _____eifend

_____eilschnelle _____laumenblaue _____erde.

____

____

____

1 — Trage *Pf/pf* ein. Achte dabei auf die Großschreibung.

2 — Schreibe den Satz ab.

e	p	P	L	P	d	T	r	u	m	p	f	y	c	K
M	f	f	e	f	S	u	m	p	f	l	P	Y	L	w
h	l	e	m	i	G	A	U	G	p	G	B	f	N	Y
S	a	i	p	n	O	Q	Y	P	f	D	y	J	M	Z
t	s	f	f	g	A	o	P	f	l	a	s	t	e	r
r	t	e	a	s	N	w	f	l	ü	m	r	P	P	p
u	e	Z	n	t	M	S	a	a	c	p	k	f	f	f
m	r	v	g	e	l	f	n	n	k	f	m	a	a	i
p	n	X	e	n	H	d	n	z	e	f	j	h	r	f
f	M	r	n	Q	e	f	e	e	n	B	U	I	r	f
M	P	f	i	f	f	e	r	l	i	n	g	D	e	i
P	f	e	i	l	P	f	i	r	s	i	c	h	r	g
b	n	F	p	f	e	i	f	e	n	t	k	T	q	A
K	z	P	f	l	a	u	m	e	P	f	e	r	d	S
T	i	m	p	f	e	n	P	f	a	n	d	J	Y	Q

3 — Finde die 23 Wörter mit *Pf/pf*. Markiere sie und schreibe sie in dein Heft.

Das silbentrennende h

blü___en	dre___en	dro___en	flie___en
ge___en	nä___en	ru___en	se___en
sprü___en	ste___en	we___en	zie___en

1 — Trage das silbentrennende *h* ein

____________ – er dre___t

____________ – sie nä___t

____________ – er zie___t

____________ – sie ste___t

____________ – er flie___t

____________ – sie sie___t

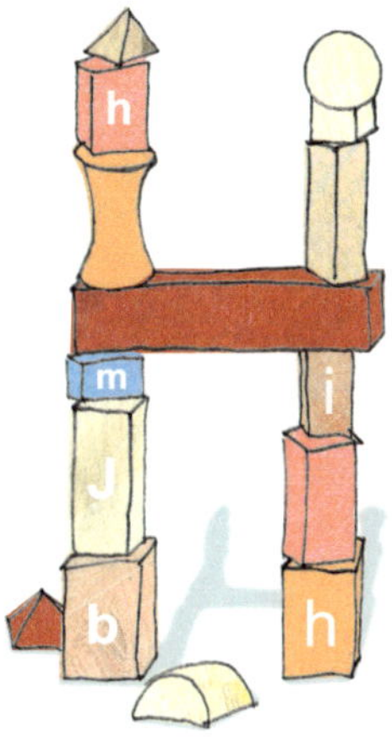

____________ – er dro___t

____________ – es sprü___t

____________ – du ge___st

____________ – es blü___t

____________ – du ru___st

____________ – es we___t

2 — Schreibe erst die Grundform auf. Ergänze dann die fehlenden Buchstaben.

ro?	der Flo?	fro?	der Schu?
die Ku?	du?	das Re?	der Ze?
der Po?	frü?	da?	na?

roh, ____

____

3 — Neun Wörter kannst du verlängern. Du hörst dann nach dem Selbstlaut ein *e*. Schreibe diese Wörter mit dem silbentrennenden *h* auf.

Wörter mit chs

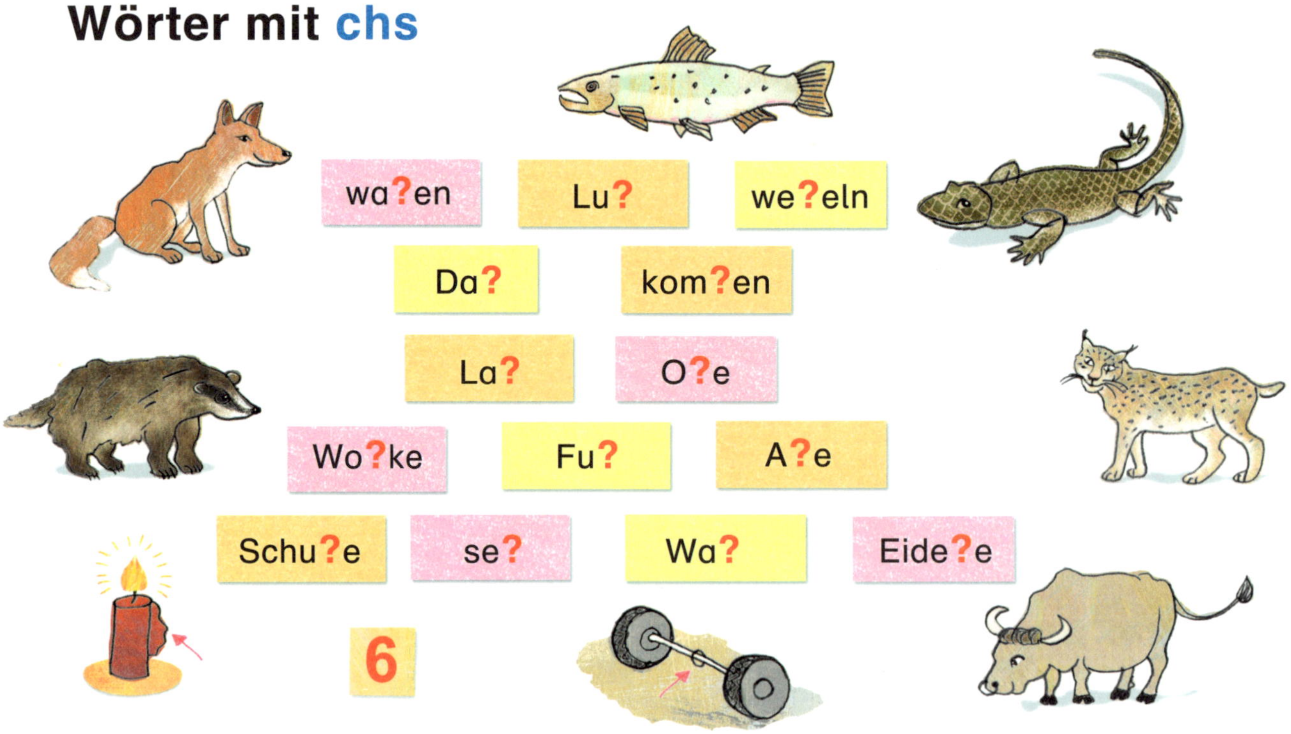

1 — Welche Nomen mit *chs* kannst du bilden? Verbinde sie mit den Bildern. Suche auch die beiden anderen Wörter mit *chs*.

____

____

____

2 — Schreibe alle Wörter mit *chs* auf. Schreibe vor die Nomen den Artikel. Markiere immer das *chs*.

____

____

____

3 — Schreibe immer die Wörter mit *chs* zusammen auf, die sich reimen.

Wörter mit Doppelselbstlaut

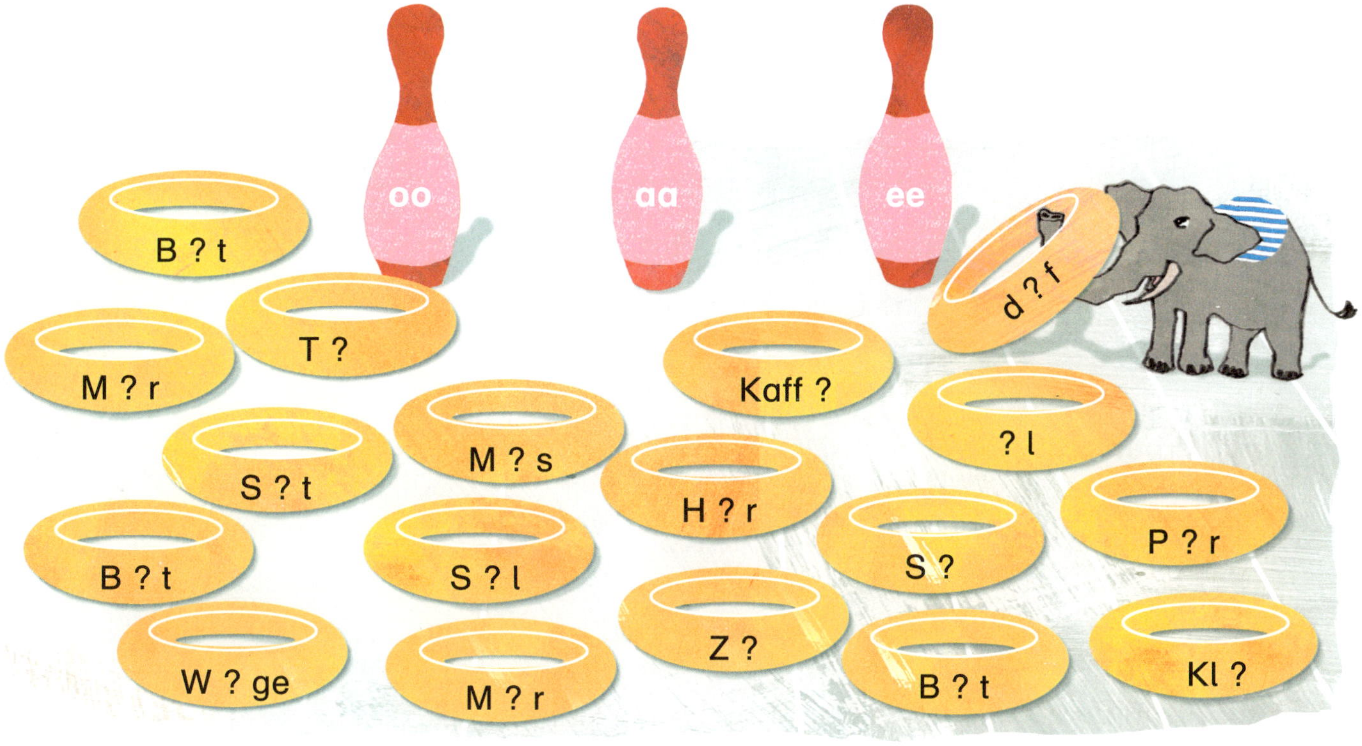

1 — Welcher Ring passt auf welchen Kegel? Verbinde die Wörter mit den passenden Doppelselbstlauten.

aa	ee	oo

2 — Schreibe die Wörter mit Artikel in die richtige Spalte.

Lese-Test: Angriff der Viren

▶ zum Buch Seite 138/139

1. Was will André sehr gern spielen?
   - [ ] das neue Kartenspiel
   - [ ] das schnelle Olympiaspiel
   - [ ] das gefährliche Ritterspiel
   - [ ] das berühmte Raketenspiel

2. Warum kann André ausnahmsweise an den Computer?

___

___

3. Woran erkennst du Andrés Aufregung?
   - [ ] Ihm fällt nicht mehr ein, wie man das Spiel startet.
   - [ ] Er bekommt einen ganz roten Kopf.
   - [ ] Er drückt wahllos ein paar Tasten.
   - [ ] Er beginnt zu schwitzen.

4. Was macht André, als die Haustür knallt?

___

___

___

5. Der Vater küsst André, weil …
   - [ ] er sich endlich mit seinem Computer beschäftigt hat.
   - [ ] André wieder gesund ist.
   - [ ] André die ausgedruckten Papiere hat.
   - [ ] die Geschäftsunterlagen gerettet sind.

Wörtliche Rede

Anne sagt: „Ich muss eine neue Maus kaufen."

Max antwortet: „Ist dir die alte weggelaufen?"

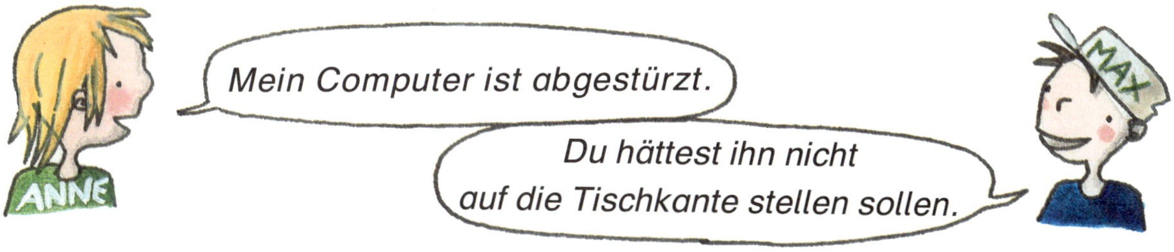

Anne sagt:

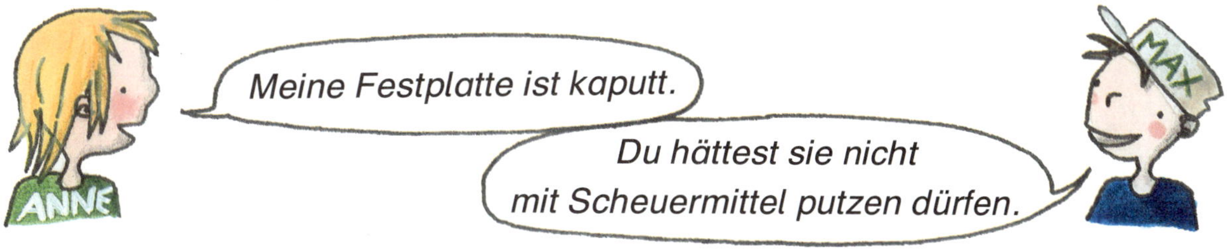

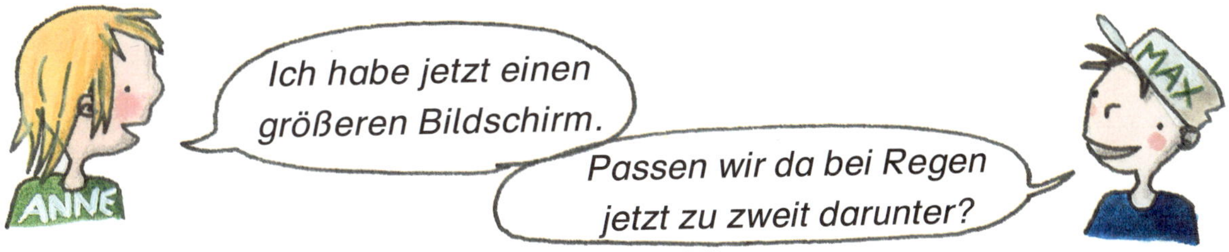

1 — Schreibe die Sätze als wörtliche Rede mit Begleitsatz auf.

Lena und die verschwundene Maus

sagen fragen rufen schreien meinen
schimpfen erinnern antworten vermuten erklären

Lena sagt: „Eddie, ich

1 — Schreibe die Sprechblasen als wörtliche Rede mit Begleitsätzen auf.

Wörter mit Dehnungs-*h*

Ein Tier, das nicht wild ist, ist zahm.
Und wenn es schlecht läuft, ist es l__________.
Ein vornehmes Essen heißt M__________.
Und rechnen tust du mit der Z__________.

Ein männliches Huhn heißt H__________.
Er tut manchmal weh: der Z__________.
Auf Flüssen fährt man mit dem K__________.
doch schneller bist du mit der B__________.

Wer nicht bezahlt, kriegt eine M__________.
Wer etwas ahnt, hat eine A__________.
Wer außer Pferden hat noch M__________?
Und bist du müde, musst du g__________.

Die jungen Pferde nennt man F__________.
Sie haben Hufe, keine S__________.
In manchen Kellern liegen K__________,
die hast du sicher nicht gest__________.

Das Mehl mahlt man in einer M__________
und tiefe Gruben sind eine Gef__________.
Am Bahndamm stehen selten St__________.
Nun üb das Dehnungs-*h* ein J__________!

1 — Setze die passenden Wörter ein und markiere die langen Selbstlaute mit einem Strich.

2 — Markiere das Dehnungs-*h* und den Mitlaut danach. Vergleiche deine Lösung mit Seite 68.

Lese-Test: Kann doch jeder sein, wie er will

▶ zum Buch Seite 148/149

1. Was schreibt Robin über sich?
   - ☐ Mein Hobby ist Ballett.
   - ☐ Mein Lieblingsessen ist Spagetti mit Soße.
   - ☐ Ich sammle Fußballbilder.
   - ☐ Ich finde kleine dicke Ponys süß.

2. Warum starrt Alex ungläubig auf den Brief?
   - ☐ Weil Robin Sachen macht, die Alex von einem Jungen nicht erwartet.
   - ☐ Weil Robin so ordentlich geschrieben hat.
   - ☐ Weil Robin Herzchen unter den Brief gemalt hat.
   - ☐ Weil Robin keine Geschwister hat.

3. Was ist an dem Brief, den Hajo bekommen hat, so normal?
   - ☐ Der Brieffreund schreibt auch so unordentlich wie Hajo.
   - ☐ Er interessiert sich für Judo.
   - ☐ Er interessiert sich für Fußball.
   - ☐ Er mag keine Computerspiele.

4. Warum möchte Alex seinen Brieffreund tauschen?

____

5. Wie denkst du über das, was Frau Löscher am Ende sagt? Begründe.

____

____

____

Adjektive mit *-ig* oder *-lich*

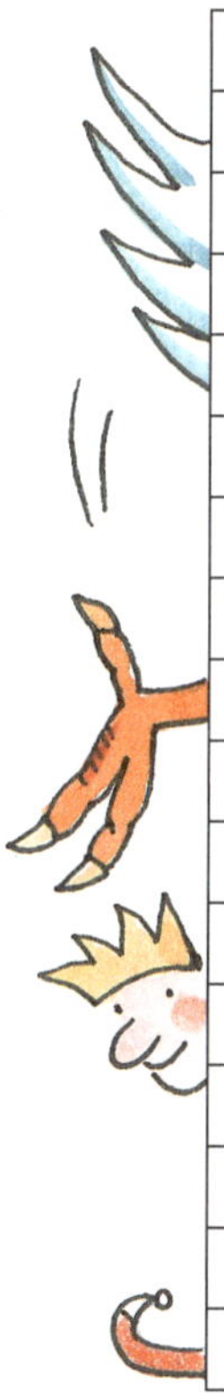

o	m	K	g	M	M	g	q	b	o	c	k	i	g	f	e	r
r	u	U	e	d	r	e	c	k	i	g	t	V	F	e	C	D
d	t	b	d	h	f	m	t	r	a	u	r	i	g	i	C	k
e	i	i	u	a	r	ü	d	g	J	l	b	s	b	n	N	i
n	g	l	l	n	i	t	u	i	f	k	i	M	e	d	X	n
t	ä	d	d	d	e	l	r	f	r	i	s	e	r	l	r	d
l	n	l	i	l	d	i	s	t	e	g	s	r	u	i	u	l
i	g	i	g	i	l	c	t	i	u	T	i	u	f	c	n	i
c	s	c	R	c	i	h	i	g	n	a	g	h	l	h	d	c
h	t	h	f	h	c	M	g	I	d	M	w	i	i	t	l	h
c	l	w	r	i	h	k	s	a	l	z	i	g	c	c	i	Q
x	i	i	ö	D	f	e	t	t	i	g	f	D	h	i	c	x
e	c	t	h	k	v	g	l	ü	c	k	l	i	c	h	h	s
i	h	z	l	u	s	t	i	g	h	p	f	i	f	f	i	g
l	i	i	i	k	E	o	ä	r	g	e	r	l	i	c	h	O
i	N	g	c	Q	P	h	e	r	z	l	i	c	h	r	J	H
g	N	P	h	W	e	t	n	ü	t	z	l	i	c	h	U	V

1 — Markiere die 16 Adjektive mit *-ig* rot und die 16 Adjektive mit *-lich* gelb.

2 — Lege eine Tabelle an und trage die Adjektive mit *-ig* und *-lich* ein.

3 — Trage *-lig* oder *-lich* ein. Verlängere dazu die Wörter.

Davon verstehst du nichts!

1 — Schreibe eine Geschichte zu den Bildern. Benutze dabei die Text-Tipp-Karte. Schreibe im Heft weiter, wenn der Platz nicht reicht.

Wörter mit ß

*Sprich abwechselnd reißßßßen und reissssen und halte dir dabei die Ohren zu. Beim stimmhaften **s** brummt der Kopf, beim stimmlosen **ß** nicht.*

1 — Sprich die Wörter deutlich. Streiche alle Wörter durch, die einen kurzen Selbstlaut haben.

2 — Male die Bilderrahmen der Wörter an, bei denen du *ß* schreiben musst.

3 — Trage in die Lücken *s* oder *ß* ein.

der Fuß, ______________________________

____

____

4 — Schreibe die Wörter mit *ß* auf.

Lese-Test: Willibald

▶ zum Buch Seite 164/165

1. Wer ist Tobi?
   - ☐ ein gefürchteter Torjäger
   - ☐ Willibalds bester Freund
   - ☐ Willibalds gemeiner Bruder
   - ☐ Willibalds großes Vorbild

2. Was ist Willis größtes Problem?
   - ☐ Er darf nicht im Kirchenchor mitsingen.
   - ☐ Er kann keine Nacktschnecken anfassen.
   - ☐ Er hat nie Zeit zum Nachdenken.
   - ☐ Er traut sich nicht ins Wasser.

3. Warum möchte Willi nicht mit in den Urlaub?
   - ☐ Willi möchte seine Freunde nicht alleine lassen.
   - ☐ Er möchte nicht ans Meer fahren.
   - ☐ Die Fahrt dauert ihm zu lange.
   - ☐ Er mag nicht im Gasthaus übernachten.

4. An welchen Stellen könnte nach Willis Meinung Wasser in den Körper eindringen?

   ____

   ____

5. Wie würdest du Willi erklären, dass er sich irrt?

   ____

   ____

   ____

Wortfelder

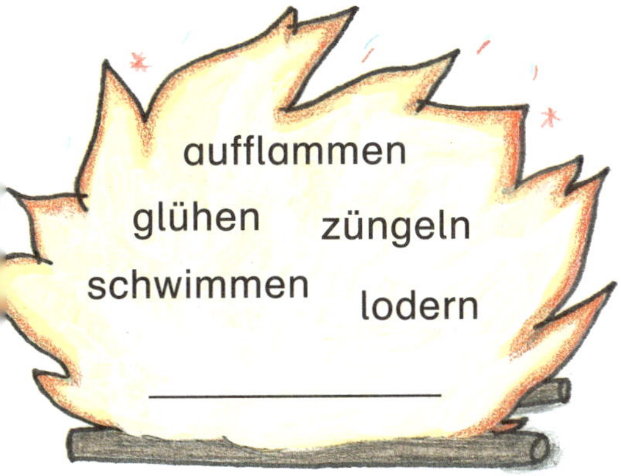

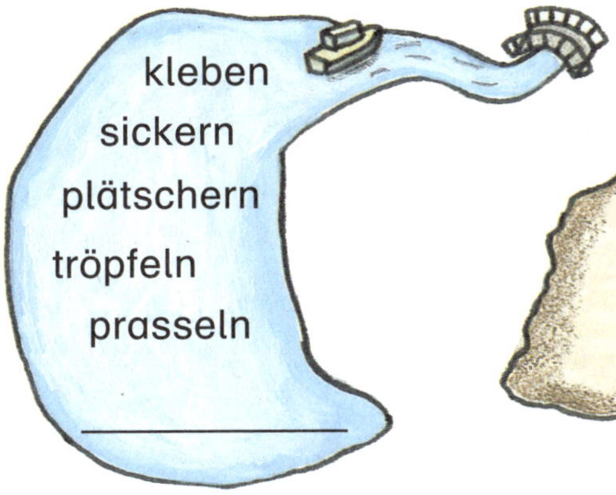

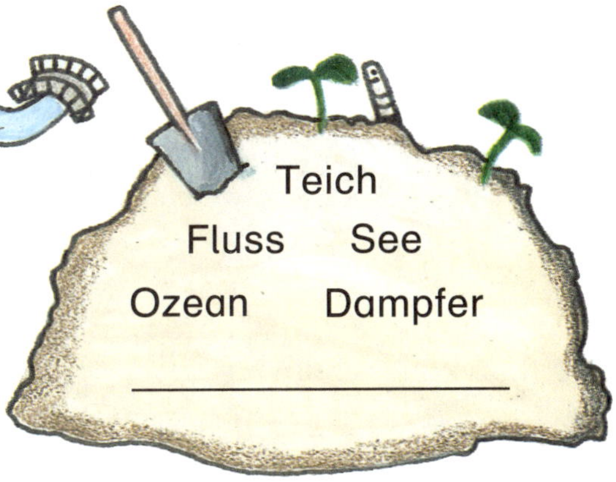

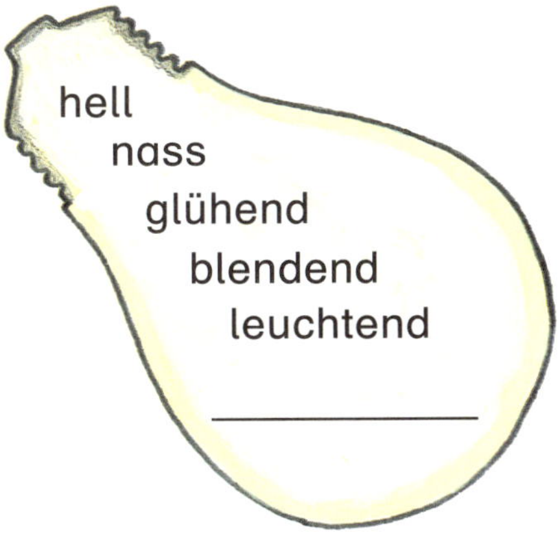

1 — Streiche immer das Wort durch, das nicht ins Wortfeld passt.

ernten Bach flackern Schaf Brand
winzig rinnen gelb strahlend

2 — Schreibe die passenden Wörter zu den Wortfeldern.

Wörter mit ck und tz

1 — Markiere bei den Bildern, ob die Wörter einen langen oder kurzen Selbstlaut haben.

2 — Streiche alle Bilder mit langem Selbstlaut durch.

kurzer Selbstlaut + verdoppelter Mitlaut	kurzer Selbstlaut + *tz* oder *ck*
die Puppe	das Netz

3 — Trage die Wörter mit kurzem Selbstlaut in die Tabelle ein.

Bei der Feuerwehr

Großes Fest bei der Feuerwehr

Gestern war ein großes Fest bei der Feuerwehr. Jeder konnte mitmachen. Da gab es alte Feuerspritzen, Wasserpumpen und Uniformen zu bestaunen. Für die Kinder wurden viele Spiele mit Wasser angeboten. Es gab reichlich Kaffee und Kuchen. Auch einen Grill gab es. Die Würstchen und Koteletts fanden reißenden Absatz. Am Abend spielte das Orchester der Feuerwehr beliebte Melodien für Jung und Alt. Es war ein rundum gelungenes Fest.

Tag der offenen Tür gibt Einblick in die Arbeit der Feuerwehr

Am Tag der offenen Tür gab die Feuerwehr einen Einblick in ihre Arbeit. Moderne Arbeitsgeräte wurden ebenso vorgeführt wie das Training der Männer und Frauen. Einige berichteten von ihrer täglichen Arbeit und von den unterschiedlichen Einsätzen. Sie löschen Brände. Sie kommen, wenn Unfälle mit Chemikalien passieren. Sie befreien eingeschlossene Menschen nach Unfällen aus ihren Autos. Und auch wenn Tiere in engen Röhren oder Brunnen eingeschlossen sind, hilft die Feuerwehr.

1 — Du möchtest etwas über die Arbeit der Feuerwehr erfahren. Lies die Überschriften der Texte. Welcher Text kann dir wahrscheinlich weiterhelfen?

2 — Lies die Texte und überprüfe, ob deine Vermutung stimmt.

3 — Welche Textstellen sagen etwas über die Arbeit der Feuerwehr? Unterstreiche sie.

Vermutungen über Textinhalte anstellen
Textstellen auswählen

Lese-Test: Erics Oma lebt in Afrika

▶ zum Buch Seite 182/183

1. Wer schüttelt Eric zur Begrüßung die Hand?
   - ☐ seine Tanten
   - ☐ die Nachbarn
   - ☐ seine Cousinen und Cousins
   - ☐ die Freunde von Oma

2. Was trinken Eric und Flo am ersten Abend?
   - ☐ erfrischendes Wasser
   - ☐ gekühlte Cola
   - ☐ heißen Zitronentee
   - ☐ süßliche Kokosmilch

3. Welche Rolle spielt die Tomatenernte für die Familie?
   - ☐ Tomaten sind Abas Lieblingsgemüse.
   - ☐ Sie lebt vom Verkauf der Tomaten.
   - ☐ Das Ernten der Tomaten macht großen Spaß.
   - ☐ Sie stellt aus den Tomaten Ketchup her.

4. Wie sind John Kwame und Aba miteinander verwandt?

____

5. Warum kann Aba am nächsten Morgen nicht zur Schule gehen?

____

____

6. Größere Kinder müssen während der Erntezeit mithelfen.
   Welche Folgen hat das für sie?

____

____

Schule in Großbritannien

In ______________________ schreibt jede Schule eine bestimmte Schuluniform vor. An den Grundschulen, die dort *Primary Schools* heißen, tragen alle Jungen graue oder schwarze Hosen. Die Farben für die Oberteile darf jede Schule selbst aussuchen. Die Lehrer der *Easton Royal Primary School* haben sich für __________ oder __________ Pullover entschieden. Die Mädchen tragen die gleichen Farben, können aber zwischen Rock und Hose wählen. An den verschiedenen Uniformen kann man sofort erkennen, welche Schule die Kinder ________________.

Michael geht auf die *Easton Royal Primary School*. Er trägt graue Hosen und blaue oder weiße Pullover. Nach Michaels Meinung hat das Tragen einer ______________________ viele Vorteile. Man kann zum Beispiel bei einem Ausflug auf Anhieb erkennen, zu welcher Schule die Kinder gehören. Außerdem müssen die ____________ nicht jeden Morgen überlegen, was sie anziehen. Und es ist für die Eltern billiger, denn sie müssen nicht so viel _________ für Markenkleidung ausgeben.

1 — Betrachte das Bild. Trage die fehlenden Wörter in den Text ein.
Dazu musst du manchmal etwas weiterlesen.

Gemeinsam lernen

Marvin: Kiruba, ich ____________ ein Problem mit Aufgabe 2.

Kiruba: Aufgabe 2 ________ wirklich schwer, aber zusammen kriegen wir das schon hin.

Lehrer: Kiruba, ich ____________ es schön, dass du Marvin ____________ , aber ihr redet zu laut. Es ____________ uns beim Lernen.

Kiruba: Marvin, am besten ________________ du mit mir auf dem Flur. Dort können wir prima reden, ohne andere zu stören.

1 — Trage die Verben richtig ein. Die Wörter in der Tabelle unten helfen dir.

Grundform / Personalform		sein		helfen		
ich	habe	bin	finde			
du				hilfst		arbeitest
er, sie, es		ist			stört	

2 — Vervollständige die Tabelle. Unterstreiche bei jeder Personalform die Endung.

Pedro aus Brasilien

Personalform \ Grundform	pflücken	schleppen	klettern	essen
ich	pflücke			
du	pflückst			
er, sie, es	pflückt			

Personalform \ Grundform	bekommen	können	wollen	schwimmen
ich				
du				
er, sie, es				

1 — Vervollständige die Tabelle. Markiere immer die verdoppelten Mitlaute.

Pedros Familie ist arm. Im Sommer ____________ er von morgens bis abends Orangen. Immer wieder ________________ er die Leiter zum nächsten Baum und ______________ hinauf. Mittags __________ Pedro etwas Reisbrei. Für seine Arbeit __________________ er ein wenig Geld. Pedro ____________ kaum lesen oder schreiben, denn für die Schule hat er nur im Winter Zeit. Trotzdem __________ er später einen guten Beruf lernen. Wenn er nicht zu müde ist, ____________________ Pedro abends noch im Meer.

2 — Trage die passenden Verben ein. Markiere die verdoppelten Mitlaute.

Die zwölf Monate

- ◯ Im Januar beginnt das Jahr.
- ◯ Der Osterhas kommt im April.
- ◯ Dezember uns das Christkind bringt.
- ◯ August plagt uns mit Hitze sehr.
- ◯ Sehr kalt ist oft der Februar.
- ◯ Im Juni blüht das Korn im Feld.
- ◯ November tobt mit Schnee und Wind.
- ◯ Im Juli pflückt man Kirsch und Beer.
- ◯ Im Mai freut sich die ganze Welt.
- ◯ Im März der Winter scheiden will.
- ◯ September reift den guten Wein.
- ◯ Oktober fährt Kartoffeln ein.

1 — In diesem Gedicht sind die Zeilen vertauscht. Unterstreiche die Monatsnamen und nummeriere die Zeilen in der richtigen Reihenfolge.

2 — Schreibe die passenden Monatsnamen zu den Bildern. Achte genau auf den Text des Gedichtes.

Texterschließend lesen
Monatsnamen aufschreiben

	Textrezeption/-produktion	Sprache untersuchen	Rechtschreiben
Wege S. 4–5		Wiederholung Nomen und Adjektive 4 Wiederholung Wortarten 5	Großschreibung der Nomen 4
Flohmarkt S. 6–9	Textverständnis über- prüfen 6 Einen Text überarbeiten 7	Bestimmter und unbestimmter Artikel 8 Adjektive (Steigerungs- formen, Umlautung) 9	Wörter mit *ä* 9
Tiere S. 10–13	Textverständnis über- prüfen 10, 13	Personalformen der Verben, Verben der Bewegung 11 Pronomen 12	Konsonantenverhärtung bei Wörtern mit *b*, *d*, *g* 13
Zaubereien S. 14–17	Textverständnis über- prüfen 14 Textsorten unterscheiden, Überschrift finden 15	vorangestellte Wortbau- steine *ver-* und *vor-* 16 zusammengesetzte Adjektive 17	Verben mit *ver-* und *vor-* 16
Umweltdetektive S. 18–21	Textverständnis über- prüfen 18	Satzglieder (Umstell- und Ergänzungsprobe) 19 Subjekt und Prädikat 20 Abstrakta 21	Großschreibung der Nomen 21
Ritterzeit S. 22–25	Textverständnis über- prüfen 22 Textstellen finden 23	Präsens und Präteritum 24 Perfekt in Präteritum umwandeln 25	
Text-Ordner S. 26–29	Notizen machen 26 Geschichten überarbeiten: Text-Tipp-Karte 27 Texte überarbeiten: Korrekturzeichen 28	Satzglieder umstellen 29	
Rechtschreib-Ordner S. 30–49		Zusammengesetzte Adjektive, Personalform und Grundform der Verben 32, 38, 44 Satzarten 34 Nomen 35 Adjektive 35, 44 Vokallänge abhören 37, 41 Stimmhafte und stimmlose Laute unterscheiden 42	Texte verbessern 30 Wörter nachschlagen (auch nach dem 3. Buchstaben) 31 Komposita und Infinitive nachschlagen 32 Silbentrennung 33 Satzzeichen 34 Großschreibung der Nomen 35 Wörter mit *V/v* 36 Konsonantenverdoppelung (Stammtreue) 37, 38 Wörter mit *ck* und *tz* 39 Wörter mit Dehnungs-*h* 40 Wörter mit *ie* 41 Wörter mit *ß* 42 Langes *i* ohne Dehnungszeichen 43 Konsonantenverhärtung bei Verben und Adjektiven (Verlängerungsprobe) 44 Wörter mit *ä* und Wörter mit *äu* 45 Wörter mit *Pf/pf* 46 Silbentrennendes *h* 47 Wörter mit *chs* 48 Wörter mit Doppelvokal 49

	Textrezeption/-produktion	Sprache untersuchen	Rechtschreiben
Medien S. 50–53	Textverständnis überprüfen 50	Wörtliche Rede 51, 52	Wörter mit Dehnungs-*h* 53
Mädchen und Jungen S. 54–57	Textverständnis überprüfen 54 Bildergeschichte schreiben 56	Adjektive mit *-ig* oder *-lich* 55 stimmmhafte und stimmlose Laute unterscheiden 57	Wörter mit *ß* 57
Feuer und Wasser S. 58–61	Textverständnis überprüfen 58 Vermutungen über Textinhalte anstellen, Textstellen auswählen 61	Wortfelder 59 Vokallänge abhören 60	Wörter mit *ck* und *tz* 60
Anders und doch gleich S. 62–65	Textverständnis überprüfen 62 Textbezüge herstellen 63	Personalformen der Verben 64	Verben mit Doppelkonsonanz in der Personalform 65
Jahreszeiten S. 66	Texterschließend lesen, Monatsnamen aufschreiben 66		

Lösung zu Seite 53 (Wörter mit Dehnungs-*h*)

Ein Tier, das nicht wild ist, ist **zahm**.
Und wenn es schlecht läuft, ist es **lahm**.
Ein vornehmes Essen heißt **Mahl**.
Und rechnen tust du mit der **Zahl**.

Ein männliches Huhn heißt **Hahn**.
Er tut manchmal weh: der **Zahn**.
Auf Flüssen fährt man mit dem **Kahn**.
Doch schneller bist du mit der **Bahn**.

Wer nicht bezahlt, kriegt eine **Mahnung**.
Wer etwas ahnt, hat eine **Ahnung**.
Wer außer Pferden hat noch **Mähnen**?
Und bist du müde, musst du **gähnen**.

Die jungen Pferde nennt man **Fohlen**.
Sie haben Hufe, keine **Sohlen**.
In manchen Kellern liegen **Kohlen**,
die hast du sicher nicht **gestohlen**.

Das Mehl mahlt man in einer **Mühle**
und tiefe Gruben sind eine **Gefahr**.
Am Bahndamm stehen selten **Stühle**.
Nun üb das Dehnungs-*h* ein **Jahr**!